BEI GRIN MACHT SICH IHR WISSEN BEZAHLT

- Wir veröffentlichen Ihre Hausarbeit, Bachelor- und Masterarbeit

- Ihr eigenes eBook und Buch - weltweit in allen wichtigen Shops

- Verdienen Sie an jedem Verkauf

Jetzt bei www.GRIN.com hochladen und kostenlos publizieren

Entwurf eines Trainingsplans zur besseren Beweglichkeit und Koordination

Analyse einer Frau Mitte 20

Jessica Keil

Bibliografische Information der Deutschen Nationalbibliothek:

Die Deutsche Nationalbibliothek verzeichnet diese Publikation in der Deutschen Nationalbibliografie; detaillierte bibliografische Daten sind im Internet über http://dnb.d-nb.de abrufbar.

ISBN: 9783346260802
Dieses Buch ist auch als E-Book erhältlich.

Druck und Bindung: Books on Demand GmbH, Norderstedt Germany
Gedruckt auf säurefreiem Papier aus verantwortungsvollen Quellen

Das vorliegende Werk wurde sorgfältig erarbeitet. Dennoch übernehmen Autoren und Verlag für die Richtigkeit von Angaben, Hinweisen, Links und Ratschlägen sowie eventuelle Druckfehler keine Haftung.

Das Buch bei GRIN: https://www.grin.com/document/924113

Deutsche Hochschule für
Prävention und
Gesundheitsmanagement

Einsendeaufgabe

Fachmodul: Trainingslehre 3

Studiengang: Gesundheitsmanagement

Name, Vorname: Keil, Jessica

Studienort: **Saarbrücken**

Semester: **5**

Inhaltsverzeichnis

1 Personendaten

Tab. 1: allgemeine biometrischen Daten (eigene Darstellung)

Alter	27
Geschlecht	Weiblich
Größe	174
Körpergewicht	65
Trainingsmotiv	• Verbesserung des Körpergefühls • Abbau von Muskelverspannungen
Beruf	Bürokauffrau
Aktuelle und frühere sportliche Aktivität	• **Aktuell: Kein Sport** • **Frühere Aktivitäten: Ballett**
Zeitlicher Verfügungsrahmen	2x mal in der Woche 30 Minuten
Orthopädische Beschwerden	Keine
Internistische Beschwerden	Keine
Medikamente	Keine
Ärztliche Behandlungen	In keiner Behandlung
Sonstige gesundheitliche Beschwerden	Keine

Die Probandin hat keine gesundheitlichen Beschwerden, wie man aus der Anamnese entnehmen kann ist sie voll belastbar. Die Probandin ist aufgrund ihrer früheren sportlichen Aktivität für den Beweglichkeitstest zugelassen, demnach ist sie komplett belastbar und trainierbar.

2 Beweglichkeitstestung

Der Proband wird einen manuellen Muskelfunktionstest nach Janda (2000) durchführen. Dabei wird die Beweglichkeit und die Kraftfähigkeit verschiedener Muskelgruppen beidseitig getestet. Zielsetzung von solch einem Muskelfunktionstests ist es Schwächen und Beweglichkeitsdefizite aufzeigen zu können.

Tab. 2: Beweglichkeitstest nach Janda (eigene Darstellung)

Testung der Brustmuskulatur	Durchführung:	Auswertung:
(M. pectoralis major)	Der Proband liegt mit Rückenlage auf der Liege und winkelt seine Beine an. Die Füße haben kontakt auf der Liege,	Stufe 0 = Oberarm erreicht die Horizontale. →Zeigt keine Beweglichkeitsdefizit.

	damit der Unterkörper gut fixiert ist. Der testende Arm spreizt nach oben und rotiert nach außen, sodass eine 90°- Winkel im Ellenbogengelenk entsteht. Der Tester fixiert den Oberkörper des Probanden, somit ist der Messbereich die Position des Oberarmes zur Horizontalen.	Stufe 1= Oberarm erreicht nur mit Hilfe des Testers in dem er leicht Druck ausübt einen leichten Beweglichkeitsdefizit. Stufe 2 = Trotz Hilfe des Testers in dem er Druck ausübt erreicht der Oberarm nicht die Horizontale. → deutliche Beweglichkeitsdefizite
Testung der Hüftbeugemuskulatur (M. iliopsoas)	Durchführung: Der Proband liegt auf dem Rücken, dabei ist es wichtig dass das Gesäß am Rand der Liege aufliegt. Die Beine hängen über den Rand, daraufhin zieht der Proband das Bein Richtung Thorax so weit wie möglich. Das andere Bein hängt über den Rand und der Tester kontrolliert das Bein wie weit es in den Hüftbeugewinkel ist, dies ist der Messbereich.	Auswertung: Stufe 0= Oberschenkel erreicht die Horizontale → Kein Beweglichkeitsdefizit Stufe 1= Durch Druck des Testers kann der Oberschenkel in die Horizontale bewegt werden →Leichte Beweglichkeitsdefizite Stufe 2 = Durch Druck des Testers kann der Oberschenkel nicht in die Horizontale bewegt werden. → Deutliche Beweglichkeitsdefizite
Testung der Kniestreckmuskulatur (M.rectus femoris)	Proband befindet sich mit dem Rücken auf der Liege. Dabei muss das Gesäß am Rand der Liege aufliegen. Die Beine hängen über den Rand, dabei wird das Bein soweit wie möglich an den Körper ran gezogen. Das Gegenbein wird von dem Tester fixiert und in einem maximal möglichen Kniebeugewinkel geführt. Dies gilt auch als Messbereich.	Stufe 0= Unterschenkel hängt senkrecht herab. → Kein Beweglichkeitsdefizit Stufe 1= Unterschenkel ist leicht nach vorne gestreckt, mit leichtem Druck des Testers erreicht der Unterschenkel einen 90° Kniebeugewinkel. → Leichtes Beweglichkeitsdefizit Stufe 2= Unterschenkel ist deutlich nach vorne gestreckt, mit leichtem Druck des Testers erreicht der Unterschenkel keinen 90° Kniebeugewinkel. → deutliches Beweglichkeitsdefizit
Testung der Kniebeugemuskulatur (Mm.ischiocrurales)	Proband befindet sich auf Rückenlage auf der Liege, dabei wird das getestete Bein im Hüft-	Stufe 0= Hüftgelenk erreicht die 90° Winkel → Kein Beweglichkeitsdefizit

	und Kniegelenk gebeugt. Das andere Bein wird in eine maximal mögliche Hüftflexion geführt, dabei ist es gestreckt Richtung Kniegelenk. Messbereich ist der Winkel zwischen Beinachse und Hüftbeugewinkel.	Stufe 1= Hüftgelenk erreicht 80°-90° Winkel → leichtes Beweglichkeitsdefizit Stufe 2= Flexion des Hüftgelenks ist nur unter 80° Winkel möglich → deutliches Beweglichkeitsdefizit
Testung der Wadenmuskulatur (Mm. triceps surae)	Wieder befindet sich der Proband auf Rückenlage auf der Liege. Das zu nicht testende Bein ist auf der Liege aufgestellt und das zu testende Bein ist gestreckt. Unterschenkel schaut über die Liege, dabei greift der Tester das Fersenbein des Probanden, die andere Hand stellt den Fuß an der Außenkante fest. Der Tester übt einen Zug an der Ferse aus dabei wird mit dem Daumen der anderen Hand mit leichtem Druck Richtung Schienbein gelenkt. Dorsalextension ist der Messbereich.	Stufe 0 = eine Dorsalextension ist mindestens bis zur 0- Stellung möglich. → Kein Beweglichkeitsdefizit Stufe 1= die 0- Stellung wird nicht erreicht, aber eine Dorsalextension ist möglich → leichtes Beweglichkeitsdefizit Stufe 2= eine Dorsalextension ist nur bis 10° unterhalb der 0- Stellung möglich → deutliches Beweglichkeitsdefizit

Tab. 3: Ergebnisse der Probandin (eigene Darstellung)

Brustmuskulatur (M. pectoralis major)	Rechts = Stufe 0 Links = Stufe 0
Hüftbeugemuskulatur (M. iliopsoas)	Rechts = Stufe 0 Links = Stufe 0
Kniestreckmuskulatur (M. rectus femoris)	Rechts = Stufe 0 Links= Stufe 0
Kniebeugemuskulatur (Mm. Ischiocrurales	Rechts = Stufe 0 Links =Stufe 0
Wadenmuskulatur (Mm. Triceps surae)	Rechts = Stufe 0 Links = Stufe 0

Wie man aus dem Beweglichkeitstests nach Janda (2000) entnehmen kann ist die Probandin trainier- und belastbar. Sie erfüllt jedes Kriterium und befindet sich in einem optimalen Allgemeinzustand.

3 Trainingsplanung Beweglichkeitstraining

Tab. 4: Belastungsgefüge der Probandin (eigene Darstellung)

Trainingshäufigkeit pro Woche	2mal in der Woche
Sätze pro Übung	3 Sätze
Dehndauer	30 Sekunden
Intensität	maximale Beweglichkeitsgrenze

Die Probandin gab an 2mal in der Woche Zeit zu haben um ihr Dehnprogramm regelmäßig zu absolvieren. Durch ihren Beruf als Bürokauffrau hat sie eine sehr viel sitzende und monotone Tätigkeit. Aktuell betreibt sie kein Sport, jedoch ist es ihr Ziel ein besseres Körpergefühl zu entwickeln und der Abbau von Muskelverspannungen. Wie man aus ihrem Bewegungstest entnehmen kann hat sie keinerlei Defizite oder Probleme. Vermutlich kommt das aus ihrem früheren Sport als Balletttänzerin.

Das Dehnprogramm besteht aus 10 Übungen und 3 Sätzen pro Übung, die jeweils 30 Sekunden gehalten werden. Durch ihr sehr gutes Ergebnis des Bewegungstestes wurde sie nicht als Anfänger eingestuft, die Intensität des Dehnprogramms sollte ihre maximale Beweglichkeitsgrenze erreichen. Ihr Dehnprogramm sollte sie immer bevor Sie sich auf das Pferd setzt absolvieren, um ein hervorragendes Ergebnis bei der Verbesserung ihres Körpergefühls zu bekommen. Die statische Dehnmethode wurde bei dem Dehnprogramm mehr im Fokus gesetzt da die langsame und kontrollierte Ausführung eine geringe Verletzungsgefahr aufbringt. Durch das langsame Einnehmen der Übung und das Halten von 30 Sekunden stellen sich die Sinnesorgane in den Muskeln auf eine größere Muskellänge ein. (Grosser,Starischka 1998, S.171)

Tab. 5: Das Dehnprogramm (eigene Darstellung)

Übung	Zielmuskulatur	Dehnmethode	Dehnform
Dehnung der Brustmuskulatur	M.pectoralis major	statisch	aktiv
Nackenflexion	M. trapezius, pars descendes	statisch	passiv
Schulter	M. teres minor M. deltoideus	statisch	passiv
Rumpfextensoren	M quadratus lumborum M. latissimus dorsi M. serratus anterior	dynamisch	aktiv
Armstrecker	M. triceps barchii	statisch	passiv
Hüftbeugemuskulatur	M. iliopsoas	dynamisch	aktiv

	M. psoas Major		
Gesäß	M. Gluteus minimus M. Gluteus medius M. Gluteus maximus	statisch	aktiv
Oberschenkel Rückseite	M. biceps femoris M. rectus femoris	postisometrisch	passiv
Oberschenkel Vorderseite	M. quadriceps femoris	statisch	passiv
Waden	M. triceps surae	statisch	passiv

Im folgenden werden die ausgewählten 10 Übungen detailliert beschrieben.

Tab. 6: Durchführung der Dehnübungen (eigene Darstellung)

Übung	Beschreibung
Dehnung der Brustmuskulatur	• Arme in Schulterhöhe heben und waagerecht lang zur Seite ausstrecken. Die Handflächen zeigen nach vorne. Jetzt die Arme langsam nach hinten drücken, bis ein Dehnungsschmerz zu spüren ist.
Nackenflexion	• Den Kopf aufrecht halten und dann so auf die linke Seite legen, dass das Ohr sich der Schulter nähert. Jetzt die rechte Handfläche am lang ausgestreckten Arm aktiv zum Boden drücken. Der linke Arm bleibt entspannt an der Körperseite hängen (nicht mit der Hand am Kopf nachfassen). • Auf der anderen Seite gegengleich arbeiten.
Schulter	• Arme seitwärts in Schulterhöhe ausstrecken, Daumen nach unter drehen, Arm langsam nach hinten ziehen, bis eine Spannung zu spüren ist, dabei den Oberkörper gerade lassen.
Rumpfextension	• Katzenbuckel: Körper auf Händen und Knien am Boden. • Der Rücken ist gerade. Jetzt den Rücken rund nach oben strecken. • Wieder in die gerade Position zurückgehen.
Armstrecker	• Rücken ist aufrecht

	• Arme über den Kopf heben, Arm so anwinkeln, dass die Hand den Rücken zwischen den Schulterblättern berührt.
	• Jetzt den nach oben zeigenden Ellbogen mit der anderen Hand fassen und vorsichtig nach unten ziehen bis eine Spannung zu spüren ist.
Hüftbeugemuskulatur	• Sie liegen auf der rechten Körperseite. Die linke Hand greift den linken Fuß, dabei wird das Bein im Knie angewinkelt. Der rechte Oberschenkel bleibt mit dem linken Oberschenkel parallel.
	• Der Rücken bleibt gerade, nicht ins Hohlkreuz gehen. Jetzt vorsichtig den Fuß bis zur Gesäßmitte ziehen und die Hüfte vorstrecken.
Gesäß	• Auf dem Boden knien, die Ellenbogen auf dem Boden aufsetzen. Den Bauch fest anspannen, damit kein Hohlkreuz entsteht.
	• Das rechte Knie im rechten Winkel anheben bis der Oberschenkel waagerecht ist. Das ist die Ausgangsposition. Jetzt den rechten Fuß zum Po führen und wieder in die Ausgangsposition bringen.
Oberschenkel Rückseite	• Die Testperson steht an der Wand und streckt dabei ihr rechtes Bein aus, der Tester drückt das Bein soweit wie möglich Richtung Oberkörper der Testperson.
	• Dabei drückt die Testperson gegen. Dann wird kurz locker gelassen und das selbe erfolgt auf der anderen Seite.
Oberschenkel Vorderseite	• Aufrecht stehend den Fuß in die rechte Hand nehmen und den Fuß an den Po ziehen, das Becken vorschieben. Dabei zeigt das angewinkelte Knie die ganze Zeit direkt zum Boden. Nicht zur Seite ausweichen. Seite wechseln.
Waden	• Die Beine sind durchgestreckt, ein Bein wird angewinkelt und mit der

| | gegenüberliegenden Hand wird nach den Zehenspitzen gegriffen. |
| | • Das Knie wird auf den Boden gedrückt, nach und nach wird nachgedehnt. |

4   Trainingsplanung Koordinationstraining

Tab. 7: Das Belastungsgefüge der Probandin (eigene Darstellung)

Trainingshäufigkeit pro Woche	2mal
Sätze pro Übung	3 Sätze
Satzpausen	45 Sekunden
Belastungsdauer	• Statisch: 5-60 Sekunden • Dynamisch 5-30 Wiederholungen

Tab.7: stellt das Belastungsgefüge der Probandin dar (modifiziert nach Chwilkowski, 2006, S61; Häfelinger & Schuba, S.61).

Das Koordinationsprogramm für die Probandin sollte immer am Anfang des Trainings in einem ausgeruhtem Zustand erfolgen. Es kann nach dem Aufwärmen oder vor dem Training durchgeführt werden. In der Regel sollte das Koordinationstraining nicht länger als 45 Minuten dauern. Im Folgenden werden zuerst statische Übungen durchgeführt und anschließend zu dynamischen Übungen übergangen (Chwilkowski, 2006, S61; Häfelinger & Schuba, S.61).

Tab. 8: Koordinationsprogramm (eigene Darstellung)

Übung	Durchführung	Dehnmethode
Einbeinstand	Aufrechte Haltung, Hüftbreit mit beiden Beinen stehen bleiben. Langsam ein Bein heben, sodass ein 90° Winkel zusehen ist. Beine abwechselnd. (3 Sätze und Pro Bein 30 Sekunden halten)	• statisch
Einbeinstand Ball halten	Haltung wie beim Einbeinstand einnehmen und abwechselnd die Arme weg (gestreckt) vom Körper den Ball von links, Mitte (über den Kopf) und nach rechts halten. Beine abwechselnd. (3 Sätze und Belastungsdauer 5- 10 Sekunden)	• statisch
Einbeinstand mit Verlagerung auf des	Haltung wie beim Einbeinstand einnehmen, das Spielbein und der Oberkörper werden in die Horizontale verlagert.	• statisch

Spielbeins und des Oberkörpers in die Horizontale	Bei Bedarf dürfen die Arme in Verlängerung in die Oberkörpertransversalachse geführt werden. Beine abwechselnd. (3 Sätze, Belastungsdauer: 10 -20 Sekunden)	
Einbeinstand mit geschlossenen Augen	Aufrechte Haltung, Hüftbreit mit beiden Beinen stehen bleiben. Langsam ein Bein heben, sodass ein 90° Winkel zusehen ist, dabei die Augen schließen. Beine abwechselnd. (3 Sätze und Pro Bein 5-15 Sekunden halten)	• statisch
Einbeinstand auf Therapiekreisel	Ein Bein steht mittig auf dem Therapiekreisel, dabei ist das andere Bein in der Luft. Optimal wäre es wenn die Probandin das Bein auch wie bei Übung 1, das Bein im 90° Winkel anwinkeln kann. Beine abwechseln. (3 Sätze, Belastungsdauer: 20-30 Sekunden)	• statisch
Einbeinstand auf Therapiekreisel mit Verlagerung auf des Spielbeins und des Oberkörpers in die Horizontale	Wie beim Einbeinstand auf Therapiekreisel wird diese Haltung eingenommen, das Spielbein und der Oberkörper werden in die Horizontale verlagert. Bei Bedarf dürfen die Arme in Verlängerung in die Oberkörpertransversalachse geführt werden. Beine abwechselnd. (3 Sätze, Belastungsdauer: 10- 20 Sekunden)	• statisch
Einbeinstand auf Therapiekreisel mit Zusatzaufgabe Ball fangen und werfen	Startposition ist die wie beim Einbeinstand auf Therapiekreisel. Wenn eine stabile Haltung erfolgt ist wird die Probandin mit einem Ball ausgestattet. Aufgabe darin ist diesen Ball hochzuwerfen und zu fangen. (3 Sätze, 5-15Wiederholungen)	• dynamisch
Kniebeuge auf dem Therapiekreisel	Beide Füße stehen mittig auf dem Therapiekreisel, wenn da eine stabile Haltung erfolgt, kommt der nächste Schritt in dem die Probandin versucht langsam in die Kniebeuge zu gehen. (3 Sätze, 5-10 Wiederholungen)	• dynamisch
Gehparcour auf Therapiekreisel vorwärts	Es werden drei Therapiekreisel hintereinander aufgestellt, dabei muss ein Abstand von 10cm erfolgen. Die Probandin startet mit beiden Füßen mittig auf dem Kreisel. Nun versucht sie jeweils mit Wechsel auf den nächsten Therapiekreisel zu gelangen, ohne das Gleichgewicht zu verlieren. (3 Sätze, 5 Wiederholungen)	• dynamisch
Gehparcour auf Therapiekreisel rückwärts	Es werden drei Therapiekreisel hintereinander aufgestellt, dabei muss ein Abstand von 10cm erfolgen. Die Probandin startet rückwärts mit beiden Füßen mittig auf dem Kreisel. Nun versucht sie rückwärts, jeweils mit Wechsel auf den nächsten Therapiekreisel zu gelangen, ohne das Gleichgewicht zu verlieren. (3 Sätze, 5 Wiederholungen)	• dynamisch

Das Koordinationsprogramm ist so aufgebaut dass das Gleichgewicht der Probandin sich verbessert. Da sie nicht zu den Anfängern gehört wurde der Schwierigkeitsgrad für Übung und Übung erhöht, dazu zählen wie z. B Augen schließen während der Übung und das statische Halten von Gegenständen wie z. B der Ball. Es wurden mit statischen Übungen angefangen und mit dynamischen Übungen wurde das Programm geendet.

Laut Chwilkowski (2006, S. 56-58) begünstigt der Aufbau von leichten Übungen zu schweren Übungen den Motorischen Lernprozess. Dabei schafft es der Start mit leichten Aufgaben erste Erfolgsergebnisse. Die Übungen mit statischen Halteaufgaben zu beginnen und auf dynamische über zu folgen mit sportartspezifische Bewegungsabfolgen, verbessern die Koordination. Dabei ist es wichtig die dynamischen Übungen langsam und kontrolliert auszuführen, währenddessen eine Stabilität herrscht kann das Tempo erhöht werden. Mit dem steigenden Tempo kann das reflektorische Stabilitätsvermögen verbessert werden.

Erst wenn die Probandin in der Lage ist die Übungen sicher, kontrolliert und sauber ausführen kann, wird eine Verbesserung der Bewegungsqualität angezielt.

5 Literaturrecherche

Tab. 9: Effekte des Dehnens im Hinblick auf die Bewegungsreichweite (eigene Darstellung)

Wer	Georg Wydra **mit der Studie**: Zur Effektivität verschiedener Dehntechniken unter besonderer Berücksichtigung von Seitenunterschieden.	S.Glück, M. Schwarz, U. Hoffmann, G. Wydra **mit der Studie**: Bewegungsreichweite, Zugkraft und Muskelaktivität bei eigen- bzw. fremdregulierter Dehnung
Welches Jahr	2003 wurde die Studie publiziert.	2002 wurde die Studie publiziert.
Forschungsfrage	Wird durch das regelmäßige Dehnen die Beweglichkeitsreichweite verbessert?	Wird durch das regelmäßige Dehnen die Beweglichkeitsreichweite verbessert?
Versuchsperson	80 Patienten (Männer und Frauen) von der Bosenberg Klinik in St. Wendel waren in der Experimentalgruppe eingeteilt. Ihr sportliche Leistung waren so gut das sie daran teilnehmen konnten. In der Kontrollgruppe nahmen 10 Frauen und jeweils 10 Männer teil.	Es nahmen 27 Sportstudenten an dem Versuch teil.
Versuchsaufbau	Es wurden drei verschiedene Techniken an der Experimentalgruppe durchgeführt. Daneben wurde eine Kontrollgruppe eingerichtet, die nur ein	Sie wurden zufällig in drei Gruppen aufgeteilt. Es wurden in drei Testformen die ischiocrurale Muskulatur getestet. Der Testzeitraum betrug 5 Wochen, des

	stationäres Behandlungsprogramm bekamen. **1 Technik gehaltene Dehnung:** 20 Sekunden wurde die Dehnung gehalten, 10 Sekunden Lockerung, bei beiden Beinen 6mal wiederholt. **2 Technik Contract- Release-Dehnung:** 10 Sekunden max. Anspannung der ischiocruralen Muskulatur des gestreckten Beines gegen den Wiederstand des Testers, erfolgt eine sofortige 10-sekündige Dehnung. Wurde ebenfalls 6mal wiederholt. **3 Technik Dynamische Dehnung:** 20-sekündige Dehnung, so dass 20 Pumpbewegungen ausgeführt wurden. Dann erfolgte eine 10-sekündige Pause. Wurde ebenfalls 6mal wiederholt. **Kontrollgruppe:** Sie bekamen ein sporttherapeutisches Basisprogramm und Maßnahmen der physikalischen Medizin. **Die Versuchspersonen wurden von 2 Wochen täglich zur gleichen Tageszeit trainiert. Das Programm lag bei 10 Minuten und jeder Patient wurde 11mal behandelt.**	weiteren ist es untersagt zusätzliches Beweglichkeitstrainings während der Testphase durchzuführen. **1 Test:** Es wurde eine direkte Eigendehnung über einen Seilzug ausgeführt. **2 Test:** Es wurde eine indirekte Eigendehnung durch selbständiges Bedienen eines Elektromotors. **3 Test:** Über einen Elektromotor steuerte der Tester die indirekte Fremddehnung, die Probanden mussten ihre maximale Schmerzgrenze zurufen. Vor jedem Test war es Pflicht 5 Minuten auf einem Fahrradergometer sich zu erwärmen. Bei allen 3 Testformen wurde das Bein 15mal nacheinander in die maximal Dehnposition gebracht und sofort wieder zum Ausgangswinkel gebracht (45°).
Ergebnisse und Schlussfolgerungen	Es kam zu einer Verbesserung der Beweglichkeit, das schwache Bein verbesserte sich stärker als das starke Bein. Die verschiedenen Dehntechniken hatten keinen Unterschied hinsichtlich der Effektivität.	Zwischen direkter und indirekter Eigendehnung und zwischen direkter Eigendehnung und indirekter Fremddehnung konnte man hochsignifikante Unterschiede feststellen. Bei direkter Eigendehnung war es leicht höher als bei der indirekten Eigendehnung. Zwischen indirekter Eigendehnung und indirekter Fremddehnung konnte man keinen Unterschied erkennen.

6 Literaturverzeichnis

Grosser, M. Starischka, (1998). *Das neue Konditionstraining.* Wien, München, Zürich.

Chwilkowksi, C (2006). *Medizinisches Koordinationstraining – Verbesserung der Haltungs- und Bewegungskoordinationstraining durch Propriozeption* (2.Aufl.) Köln: Deutscher Trainer Verlag.

Häfelinger, U. & Schuba, V. (2007). *Koordinationstherapie- propriozeptives Training* (3.Aufl.). Aachen: Meyer & Meyer.

Janda, V. (2000). *Manuelle Muskelfunktionsdiagnostik* (12.Ausg.). München: Urban & Fischer.

S.Glück, M. Schwarz, U. Hoffmann, G. Wydra. (2002) *Bewegungsreichweite, Zugkraft und Muskelaktivität bei eigen- bzw. fremdregulierter Dehnung.* Deutsche Zeitschrift für Sortmedizin, 53 (3), 66-71.

Wydra G. (2003). *Zur Effektivität verschiedener Dehntechniken unter besonderer Berücksichtigung von Seitenunterschieden.* Krankengymnastik. Zeitschrift für Physiotherapie, 55, 788-795.

7   Tabellenverzeichnis